Los petirrojos

Quinn M. Arnold

CREATIVE EDUCATION

semillas del saber

Publicado por Creative Education
P.O. Box 227, Mankato, Minnesota 56002
Creative Education es una marca editorial
de The Creative Company
www.thecreativecompany.us

Diseño de Ellen Huber; producción de Dana Cheit
Dirección de arte de Rita Marshall
Impreso en los Estados Unidos de América
Traducción de TRAVOD, www.travod.com

Fotografías de Alamy (Panther Media GmbH), Dreamstime (Le Thuy Do, Loren File, Sander Meertins), iStockphoto (Andrew_Howe, bearacreative, blewulis, Bobbushphoto, JZHunt, Leopardinatree, stanley45, suefeldberg), Shutterstock (FotoRequest, Ivan Kuzmin, David Lapierre, Pacific Northwest Photo, palex1977, Nicky Rhodes, Mike Truchon)

Información del Catálogo de publicaciones de la Biblioteca del Congreso is available under PCN 2018931124.
ISBN 978-1-64026-094-8 (library binding)

9 8 7 6 5 4 3 2 1

TABLA DE CONTENIDO

¡Hola, petirrojos!

Los petirrojos son pájaros cantores.

Viven en bosques cerca de lugares con mucha hierba.

Se forman bandadas
en el invierno.

Los petirrojos de pecho anaranjado son buenos voladores.

Sus patas son fuertes.
Se posan en los árboles
para cantar.

Los petirrojos tienen cabezas oscuras y largas colas.

La mayor parte de su cuerpo es marrón grisáceo.

Los petirrojos saltan en el pasto para buscar comida. Con su pico sacan gusanos y otros alimentos del suelo.

Los petirrojos también comen bayas.

Pollueloss se les llama los petirrojos bebés. Salen de pequeños huevos azules.

Pronto los polluelos tendrán plumas. Los pájaros jóvenes vuelan del nido.

Los petirrojos construyen nidos.

Cantan alegremente.

Buscan gusanos para alimentar a sus crías.

¡Adiós, petirrojos!

Dibuja un petirrojo

plumas
ala
ojo

Palabras que debes saber

bandadas: grandes grupos de pájaros que viven juntos

plumas: partes del cuerpo de un pájaro que crecen en su piel

posarse: descansar sobre algo, como en la rama de un árbol o una cerca

Índice